イタリアのおいしいたべものが
サイゼリヤでたべられるよ。

Kids Menu

小学生までのお子様限定メニュー

ひょうしの
おもてとうらで10コ
ちがうところがあるよ。
みつかるかなぁ？

ミラノサラミ
ミラノ Milano
Torino トリノ
Parma パルマ
ランブルスコ
プロシュート

トリフアイスクリーム

キャンティ
Firenze フィレンツェ
ローマ Roma
MOLISE モリーゼ

サイゼリヤワイン

SARDEGNA サルディニア

ひつじのチーズペコリーノ

エキストラバージンオリーブオイル

スパゲッティ

ナポリ Napoli

トマト

モツアレラチーズ

アンチョビ

SICILIA シシリー

ピスタチオ

Buon Italia!
Saizeriya
RISTORANTE E CAFFE

Kids Menu

小学生までのお子様限定メニュー

サイゼリヤ自慢の『ホワイトソース』でたのしく おいしく 健康に!!

表と裏でまちがいが10コあるよ

① 新鮮なミルクをたっぷり使ってるョ!

② しぼりたてをすぐに工場へ。

③ サイゼリヤオーストラリア工場でソースをつくるんだ!!

④ お店で調理して提供

乳製品は体にとって毎日ひつような栄養なんだよ

ポイント1 ホワイトソースをつくるのに1年でうし15万頭以上の新鮮なミルクを使うョ!!

※15万頭は北海道の全乳牛の1/3以上の数だよ。

ポイント2 牛乳はタンパク質・脂質・カルシウムなど、健康に暮らしていくのに必要な栄養がバランスよく含まれているんだ!!

地中海型食事のピラミッド
地中海型食事で提案する理想的な食事のスタイル

月に数回食べよう — にく

週に数回食べよう — とりにく、おかし、さかな、たまご

毎日食べよう — ミルク、チーズ、ヨーグルト、ワイン / くだもの、まめ、ナッツ、やさい / パスタ、パン、ごはん、おいも、オリーブオイル

小学生までのお子様限定メニュー

Kids Menu

サイゼリヤ自慢の『ホワイトソース』でたのしく おいしく 健康に!!

表と裏でまちがいが10コあるよ

1 新鮮なミルクをたっぷり使ってるョ!

2 しぼりたてをすぐに工場へ。

MILK

3 サイゼリヤオーストラリア工場でソースをつくるんだ!!

4 お店で調理して提供

ポイント1 ホワイトソースをつくるのに1年でうし15万頭以上の新鮮なミルクを使うョ!!

※15万頭は北海道の全乳牛の1/3以上の数だよ。

ポイント2 牛乳はタンパク質・脂質・カルシウムなど、健康に暮らしていくのに必要な栄養がバランスよく含まれているんだ!!

地中海型食事のピラミッド

地中海型食事で提案する理想的な食事のスタイル

にく
月に数回食べよう
とりにく
おかし
さかな
たまご
週に数回食べよう
ミルク
チーズ
ヨーグルト
ワイン
くだもの
まめ
ナッツ
やさい
パスタ
パン
ごはん
おいも
オリーブオイル
毎日食べよう

乳製品は体にとって毎日ひつようなの栄養なんだよ

小学生までのお子様限定メニュー
Kids Menu

サイゼリヤの
ミルクた〜っぷり
『ホワイトソース』
ができるまで

表と裏でまちがいが10コあるよ

① オーストラリアの牛さんからおいしいミルクをもらうよ

② 新鮮なミルクをオーストラリア自社工場でソースにして

③ 船で日本に

④ お店で調理。みんなの所に

いただきま〜す

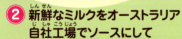

豆知識 一日に使うミルクはなんと
※牛乳1ℓパック 54,000本分!!

つみ重ねると富士山3つ分の高さくらいに!!
富士山③
富士山②
富士山①

新鮮なミルクがたっぷり
だからおいしいんだね

『ホワイトソース』を使ったメニュー

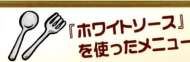

ミラノ風ドリア

シーフードグラタン

※オーストラリア自社工場で、1日に使用する目安です。

小学生までのお子様限定メニュー

サイゼリヤの ミルクた〜っぷり 『ホワイトソース』 ができるまで

表と裏でまちがいが10コあるよ

① オーストラリアの牛さんからおいしいミルクをもらうよ

③ 船で日本に

② 新鮮なミルクをオーストラリア自社工場でソースにして

いただきま〜す

④ お店で調理。みんなの所に

豆知識 一日に使うミルクはなんと
※牛乳1ℓパック 54,000本分!!

つみ重ねると富士山3つ分の高さくらいに!!

富士山③

富士山②

富士山①

新鮮なミルクがたっぷり

だからおいしいんだね

『ホワイトソース』を使ったメニュー

ミラノ風ドリア

シーフードグラタン

※オーストラリア自社工場で、1日に使用する目安です。

『オリーブオイル』で たのしく おいしく 健康に！

表と裏でまちがいが10コあるよ

サイゼリヤのオリーブオイルはイタリアから直輸入！

イタリア ソレント半島から… 冷蔵コンテナ船で日本へ… お好きな料理に…

サイゼリヤのオリーブオイルは…

オリーブを搾っただけの100%ジュース！

エキストラバージンオリーブオイルを使っているよ

オリーブオイルはどこがいいの？

血液のおそうじ屋さん！

血液をサラサラにするオレイン酸が多くふくまれているよ！

店内に無料でおいてあるよ！自由に使ってね！

イタリアの完熟トマト おいしさのひみつ

ひょうしのおもてとうらで10コちがうところがあるよ。みつかるかな～？

1 種まき 4月ごろ～
太陽の光がたっぷり

2 収穫 7月ごろ～
畑で真赤に完熟

3 畑で選別 あかいトマトだけトラックに。

4 採りたて 24時間以内に工場に

5 工場でさらに選別 かんじゅくトマトだけつかう。
工場が畑のまん中に

おいしいトマトピューレに

コンテナ船

おいしい料理に!!

アラビアータ
ハヤシ＆ターメリック

サイゼリヤの『青豆』甘さとやわらかさのヒミツ

表と裏でまちがいが10コあるよ

ヒミツ❶
アメリカ北西部 温度がゆっくり上がる地方の ひろーい畑でつくっているよ。

船で日本へ。

ヒミツ❷
一番甘くてやわらかくなるタイミングで収穫しているんだ。

ヒミツ❸
すぐに冷凍して甘さを閉じ込めているよ。

ヒミツ❹
甘さが逃げないように温度に注意してお店まで運んでいるんだ。

『柔らか青豆の温サラダにペコリーノチーズでもっとおいしく!』

『ミラノ風ドリアと合わせて栄養バランスアップ!』

ドリアにかけてもおいしいよ

だからサイゼリヤの青豆っておいしいんだね!

サイゼリヤの『青豆』
甘さとやわらかさのヒミツ

表と裏でまちがいが10コあるよ

ヒミツ① アメリカ北西部 温度がゆっくり上がる地方の ひろーい畑でつくっているよ。

船で日本へ。

ヒミツ② 一番甘くてやわらかくなるタイミングで収穫しているんだ。

ヒミツ③ すぐに冷凍して甘さを閉じ込めているよ。

『柔らか青豆の温サラダにペコリーノチーズでもっとおいしく！』

ヒミツ④ 甘さが逃げないように温度に注意してお店まで運んでいるんだ。

『ミラノ風ドリアと合わせて栄養バランスアップ！』

ドリアにかけてもおいしいよ

だからサイゼリヤの青豆っておいしいんだね！